KNUT

DIE ÄNGSTLICHE SPINNE

Ebenfalls erhältlich:

Bilderbuch:

Hermie. Eine ganz gewöhnliche Raupe
Lissy. Die lügende Fliege

Pappband:

Hermie. Eine ganz gewöhnliche Raupe

MAX LUCADO
Hermie & Freunde

KNUT
DIE ÄNGSTLICHE SPINNE

Erzählt von Troy Schmidt
Illustriert von GlueWorks Animation

Basierend auf den Figuren aus
Hermie. Eine ganz gewöhnliche Raupe
von Max Lucado

hänssler
KINDERLAND

Originaltitel: Webster – The Scaredy Spider

hänssler
KINDERLAND

Bestell-Nr. 394.430
ISBN 3-7751-4430-7

© Copyright der deutschen Ausgabe 2005 by Hänssler Verlag, D-71087 Holzgerlingen
Internet: www.haenssler.de
E-Mail: info@haenssler.de

Übersetzung: Uta A. Müller
Satz: Vaihinger Satz + Druck, Vaihingen/Enz
Printed in Singapore

»Fürchte dich nicht, denn ich bin bei dir.
Sieh dich nicht ängstlich nach Hilfe um,
denn ich bin dein Gott:
Meine Entscheidung für dich steht fest,
ich helfe dir. Ich unterstütze dich,
indem ich mit meiner siegreichen Hand Gerechtigkeit übe.«

Jesaja 41,10

Im Garten stürmte und regnete es. Blitze zuckten. Donner krachten. Aber die Marienkäfer-Zwillinge und ihre Mutter, Moni Marienkäfer, hatten keine Angst.

»Ich bin die Mutigste«, prahlte Mary.
»Ich bin die Aller-, Aller-, Allermutigste«, protzte Mini.

Plötzlich sah Moni die fürchterlichste Sache, die ein Marienkäfer sehen konnte … eine große fürchterliche Spinne.

»Rennt um euer Marienkäfer-Leben!«, schrie Moni.
Und sie rannten los.

Wenn sie geblieben wären, hätten sie gesehen, dass es ein großer fürchterlicher Schatten einer nicht ganz so großen fürchterlichen Spinne war.

Es war Knut. Eine kleine, junge Spinne, die Ferien machte. Knut war sehr schick und liebte es, große Worte zu machen.

»Was für ein angenehmer, freundlicher, schöner Tag«, sagte Knut, als die Sonne aufging. Er hüpfte auf den Boden.

»Wo sind sie alle? Ich sehe nur ein – **BLATT!**«

Knut hatte Angst vor Blättern.

»Schon o.k.«, sagte er sich. »Es ist ja nicht so, als wäre es ein – **STOCK!**«

Knut hatte noch größere Angst vor Stöcken.

»Warum habe ich bloß vor allem eine solche Angst?«, fragte sich Knut.

Knut schlich auf Zehenspitzen zum Eingang einer dunklen Höhle. Er fürchtete sich. Vorsichtig spähte er hinein.

Zwei große Augen öffneten sich in der Dunkelheit …
und spähten heraus.

»HI…«, kreischte Knut und rannte davon.

In der Zwischenzeit: Die Marienkäfer waren noch immer voller Furcht und eilten nach Hause. Auf ihrem Weg sahen sie die Raupe Hermie.

»Renn, Hermie, renn! Eine Spinne ist hinter uns her«, schrie Moni.

Hermie lachte. »Es gibt keine Spinnen in unserem Garten.«

Aber die Marienkäfer hörten nicht zu und flogen davon.

»Sie sind so dumm«, sagte sich Hermie.

»Entschuldige bitte!«, sagte eine Stimme.

Hermie drehte sich um, damit er sehen konnte,
wer hinter ihm stand.

»EINE SPINNE!«, kreischte Hermie.

»EINE RAUPE!«, kreischte Knut.

Beide hatten Angst.
Und beide schrien eine ganze
Weile, so laut sie konnten:
»AAAAAAAAHH!«

Hermie hörte auf zu schreien. »Ich bin Hermie.«
Knut hörte auf zu schreien. »Ich bin Knut.«

»Du machst mir gar nicht so viel Angst«, sagte Hermie.

»Oh, ich bin keine Spinne, die Angst macht.
Ich bin eine Spinne, die Angst hat: eine *ängstliche* Spinne.«

»Eine ängstliche Spinne?« Hermie war überrascht.
»Vor was hast du Angst?«

Knut zählte all die Dinge auf, die ihm Angst machten.

»Oh, ich fürchte mich vor Blättern, Stöcken, dunklen Orten, davor, neue Freunde zu treffen, Eidechsen, Wasser, Höhe, davor, mich auf meinen Spinnweben in die Lüfte zu schwingen. Solche Sachen.«

»Komm mit mir, Knut, und ich zeige dir, wie du mutig sein kannst. Ich möchte auch, dass du meine Freunde triffst.«

Knut fürchtete sich, wollte aber mutig sein, deshalb folgte er Hermie.

Beim Haus von Lissy, der Fliege, fanden sie die Schnecke Schneider, die Ameise Antonio und die Raupe Wurmie.

Als Lissy Knut sah, flog sie davon.

Als Schneider Knut sah, kroch er davon.

Als Antonio Knut sah, rannte er davon.

Nur Wurmie blieb.

Knut fragte Wurmie: »Wie bist du so mutig geworden?«

»Ich weiß, dass Gott bei mir ist«, sagte Wurmie.

»Gott kann auch dir Mut schenken«, sagte Hermie,
»stimmt das, Gott?«

»Ja, das stimmt, Hermie«, sagte Gott. »Knut, du bist bei mir
sicher. Ich bin immer bei dir, sogar wenn du Angst hast.«

Knut hatte viel zu viel Angst, um zuzuhören. Er rannte davon.

»Knut wird einen Freund brauchen, der ihn daran erinnert, dass ich ihn lieb habe«, sagte Gott.

»Ich werde sein Freund sein«, versprach Hermie.

Hermie fand Knut. »Komm, wir verkleiden dich als
Marienkäfer. Niemand hat Angst vor Marienkäfern.«

Knut stimmte zu. Aber es funktionierte nicht.

Als die Marienkäfer Knut sahen, kreischten sie:
»EINE SPINNE!«, und rannten davon.

»Ich hab's!«, sagte Hermie. »Lass uns ein Konzert veranstalten, in dem du der Star bist. Alle mögen Konzerte.«

Aber es funktionierte nicht.

Als das Publikum Knut sah, kreischte es: **»EINE SPINNE!«**, und rannte davon.

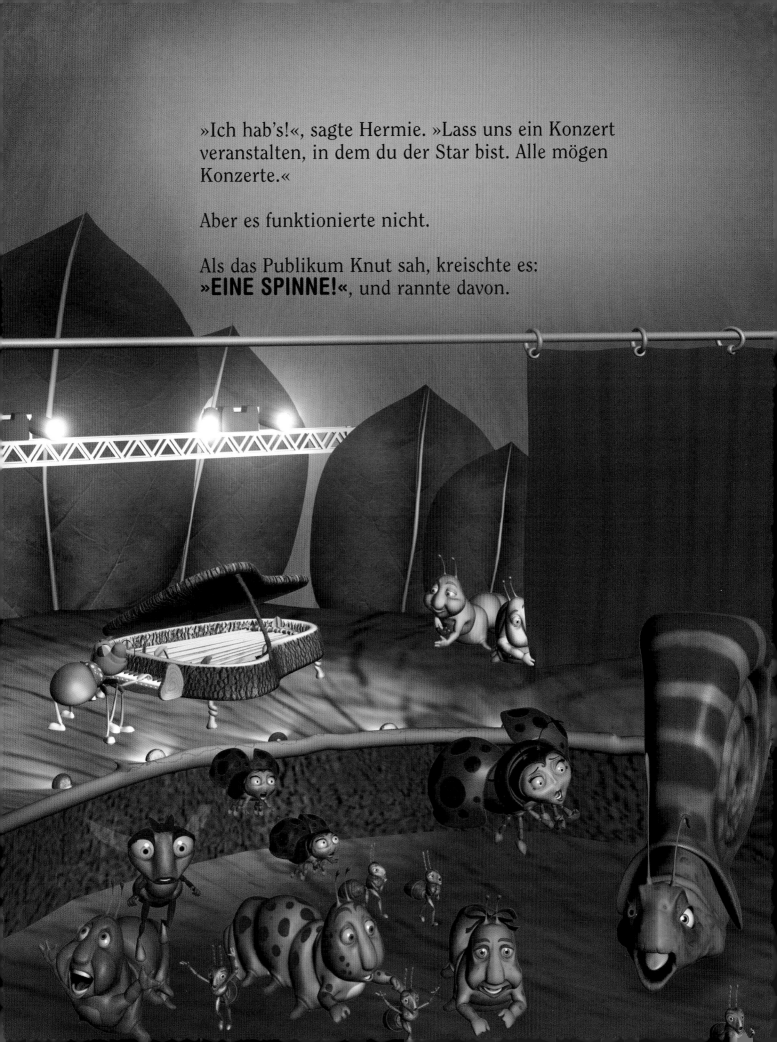

Knut war traurig. »Es nützt nichts. Sie haben Angst vor mir.«

»He, Kumpel, ich bin Elke Eidechse.«

»EINE EIDECHSE!« Knut fürchtete sich. **»Eidechsen FRESSEN Spinnen!«**

»Ich nicht, Kumpel. Ich stehe nur auf Grünzeug, was anderes esse ich nicht«, sagte Elke.

Aber Knut hörte nicht zu. Er rannte davon.

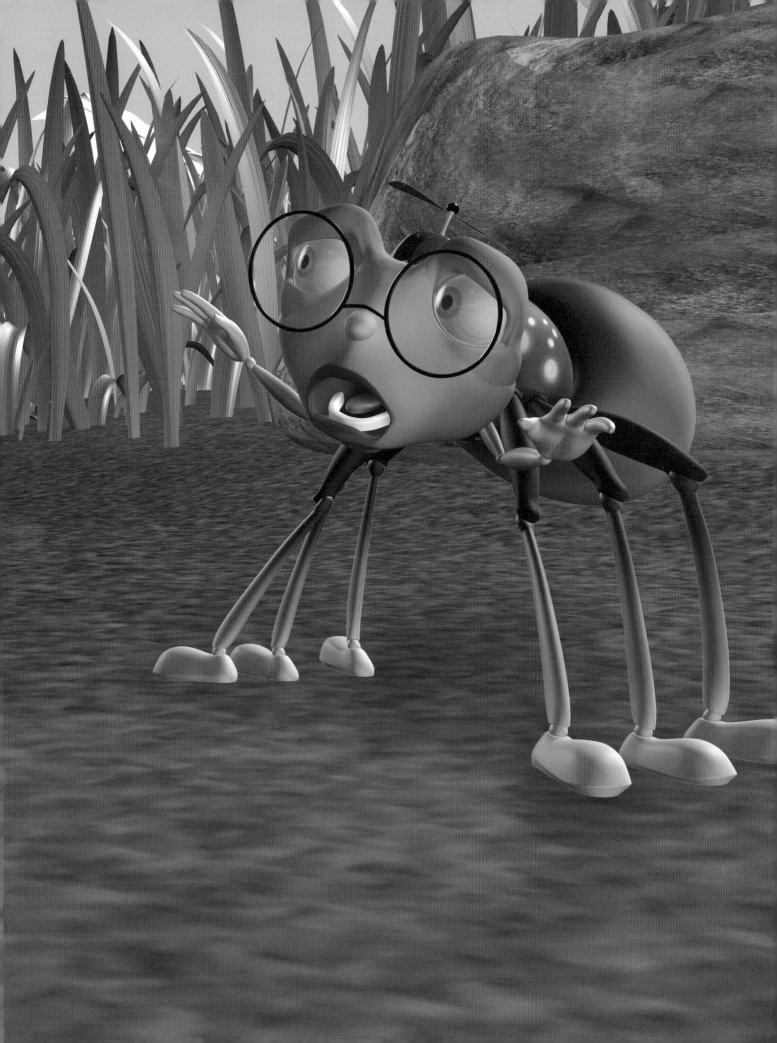

Die Nachricht von der Spinne verbreitete sich im ganzen Garten.

»Ich habe Angst vor Spinnen«, sagte Lissy, die Fliege.

»Ich auch«, sagte die Schnecke Schneider.

»Aber Knut ist eine freundliche Spinne«, sagte Hermie.

»Er ist eine Spinne, die Angst hat, und keine, die Angst macht«,
sagte Wurmie.

Niemand hörte zu.

»Eine Spinne ist eine Spinne! Knut muss verschwinden!«,
sagte Rudi, die Raupe.

Mary flüsterte Mini zu: »Weißt du Mini, Hermie und
Wurmie haben vielleicht Recht. Wir haben uns Knut
nie genau angesehen.«

»Das stimmt, Mary. Lass uns herausfinden,
ob Knut tatsächlich groß ist und uns Angst macht.«

Niemand bemerkte, dass die Zwillinge losflogen,
um Knut zu suchen.

Als sich alle aufmachten, um Knut fortzuschicken, beteten Hermie und Wurmie:

»Gott, wie können wir Knut helfen?«

»Seid seine Freunde«, sagte Gott, »die anderen haben Angst vor Knut. Aber weil ich immer bei jedem von euch bin, braucht sich niemand zu fürchten.«

Hermie und Wurmie suchten Knut, als sie einen Schrei hörten:

»MAMA, HILF UNS!«

Alle eilten zum Fluss.

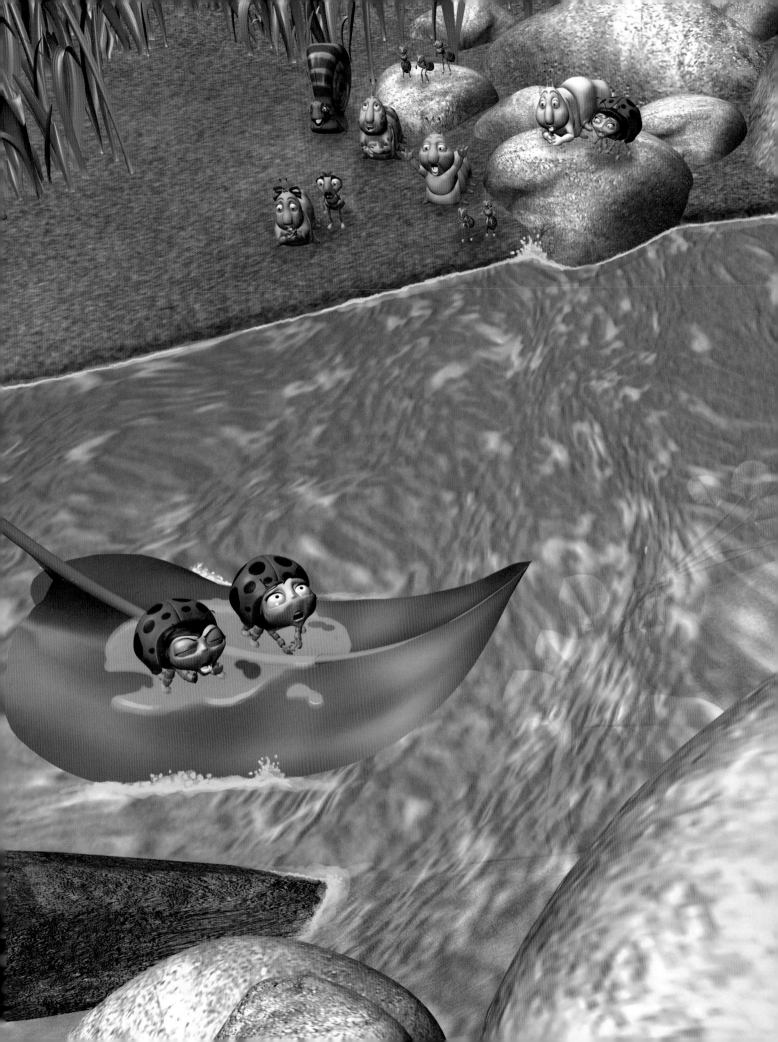

Es waren Mary und Mini. Die Zwillinge saßen auf einem Blatt, das den Fluss hinunterschwamm und sich direkt auf einen gefährlichen Wasserfall zubewegte.

»FLIEGT, MARIENKÄFER, FLIEGT!«, rief Wurmie.

»Wir können nicht. Wir kleben an diesem glitschigen Blatt fest«, antwortete Mary.

»HELFT UNS!«, schrie Mini.

Aber niemand konnte sie erreichen. Das Blatt trieb zu schnell vorwärts.

Knut wollte helfen. Er hatte Angst zu beten, aber er hatte noch größere Angst um die Marienkäfer-Zwillinge.

»Was kann ich tun, Gott?«

»Du kannst ihnen helfen, Knut«, antwortete Gott.

»Ich?«

»Ja. Keine Angst. Ich bin bei dir.«

Und zum ersten Mal war Knut mutig.

Knut wob schnell ein Spinnennetz, um das schwimmende Blatt
aufzufangen.

Knut hatte keine Angst.

Und dann schwang sich Knut zum Blatt.

Er zog erst Mary, dann Mini vom klebrigen Blatt.

Die Zwillinge flogen in Sicherheit, aber nun klebte Knut fest.

»OH, NEIN!«, riefen die anderen Tiere erschrocken, als das Netz zerriss. Knut und das Blatt fielen den Wasserfall hinunter.

»SEHT«, riefen Mary und Mini.

Knut schwang sich vom Wasserfall herunter …

»KNUT!«, jubelten die Tiere. Als er sicher gelandet war, begannen sie zu singen:

»Er ist eine mutige kleine Spinne,
er ist eine mutige kleine Spinne,
er ist eine mutige kleine Spinne,
die nun jeder gern hat!«

»Gott hat mir Mut geschenkt«, sagte Knut.

»Danke, Gott, dass du heute bei mir gewesen bist.«

»Knut, ich war immer bei dir, wenn du dich gefürchtet hast«, sagte Gott. »Ich war da, als du neuen Freunden begegnet bist, als du zur dunklen Höhle gegangen bist, als du die Eidechse gesehen und die Zwillinge aus dem Wasser gerettet hast, indem du dich auf deinen Spinnweben in die Lüfte geschwungen hast. Ich bin immer bei dir!«

Von diesem Tag an war Knut keine ängstliche Spinne mehr. Bald hatte er sehr viele neue Freundinnen und Freunde. Eine war sogar eine Eidechse, die Elke hieß. Immer, wenn sich Knut fürchtete, erinnerte er sich daran, dass Gott bei ihm war. Und das machte Knut mutig.